DEMANDE

D'UNE PART DE L'EMPRUNT

à 2 1/2 0/0 en or

ET

COMBINAISON FINANCIÈRE

RÉDIGÉE EN

PROJET DE CONTRAT

Par Eugène THÉRYC DU CHATELLARD

PARIS

IMPRIMERIE CENTRALE DES CHEMINS DE FER

A. CHAIX ET Cie

RUE BERGÈRE, 20, PRÈS DU BOULEVARD MONTMARTRE

1872

DEMANDE

D'UNE PART DE L'EMPRUNT

A 2 1/2 0/0 en or.

A MONSIEUR LE MINISTRE DES FINANCES.

Monsieur le Ministre,

J'ai l'honneur de vous demander une audience d'une nature nouvelle et toute particulière.

Je désire obtenir de vous et, par vous, de M. le Président de la République, une conférence à laquelle je vous prie de vouloir bien convoquer MM. les banquiers même avec qui vous êtes disposés à conclure l'emprunt ; je vous prierai encore de vouloir bien inviter à cet entretien une délégation de la Commission des Finances, afin qu'il soit possible de juger promptement la motion que je compte faire à cette réunion.

Je demande la permission de protester respectueusement, mais avec énergie, contre l'emprunt pur et simple en 5 0/0, du moins pour une partie de 1 milliard de francs, dont je réclame fermement que la réalisation se fasse d'une autre manière.

Je me fais fort de démontrer, en présence des parties contractantes elles-mêmes, que leur intérêt réciproque est de greffer, pour ce chiffre de 1 milliard, ma combinaison sur la leur. Il est extrême-ment facile de concilier les deux systèmes, surtout s'il s'agit, comme je le sais, de 3 milliards 800 millions d'emprunt. Je n'en distrairais que 1 milliard. Il resterait 2 milliards 800 millions pour satisfaire MM. les banquiers. Il est donc encore temps de s'entendre.

Le milliard à distraire de l'émission en 5 0/0 serait fourni par la Banque de France, et aussitôt toutes mes propositions d'environ 3 milliards 700 millions en or à 2 1/2 0/0, se trouveraient réalisées, et je vais démontrer que ce que j'ai toujours appelé concession de mon mode d'emprunt n'enlève pas un centime de l'emprunt à MM. les banquiers.

Aux banquiers, ma combinaison laisse exactement le même bénéfice qu'ils attendaient sur l'emprunt total, tout en ayant 1 milliard de moins en rentes à réaliser avec leur garantie. C'est la Banque de France qui fournirait ce milliard. Ainsi, pas de jaloux. Il n'y aurait d'autre changement, pour le syndicat en formation, que cet énorme allégement des risques de réalisation, d'avances de fonds et de travaux, tout en conservant à ces Messieurs le même bénéfice, je le répète, que si le milliard de rentes à supprimer était à placer.

Voilà premièrement le lot que j'offre à MM. les banquiers. J'espère qu'il suffira pour établir au moins une impartialité com-plète de leur part, dans le jugement que je vais réclamer d'eux; car le présent est un appel public et direct que j'ai l'honneur d'adresser à MM. de Rothschild et à MM. les banquiers du syndicat.

Lorsque j'ai, par deux pétitions antérieures, renvoyées à la *Commission d'examen des moyens de libération,* réclamé une con-cession ou privilége en retour de mes droits d'auteur, cette demande en concession ne portait guère que sur un point qui ne contrarie

en rien ni l'entente avec d'autres banquiers ni la souscription publique.

Mon genre de concession s'harmonise pleinement avec la cession de rentes 5 0/0 au prix que le Gouvernement peut avoir fixé
pour MM. les banquiers ou pour la souscription publique.

J'aurais désiré, il est vrai, la cession d'un emprunt de 1,200
millions d'or en rente 5 0/0. Mais je suis prêt à m'entendre avec
le syndicat avec lequel vous êtes en négociation, tout en le priant
de m'en réserver une portion disponible.

Il doit y avoir même de la rente 5 0/0 dans ma combinaison. Seulement, après avoir emprunté 1 milliard 200 millions
en or, l'État les remettrait à la Banque de France et en rece-
vrait 2 milliards 200 millions de billets de banque, pour 35 ans ;
il prorogerait également à 35 ans les 1,500 millions d'avance en
billets que la Banque ne lui a consenties qu'amortissables en
sept ans.

Il en résulterait un fait très-simple, une fois constaté, mais
qui était le plus difficile à établir. C'est, comme je l'ai annoncé,
que les prêteurs en or à l'État auraient 6 3/4 0/0 de leur argent et le remboursement en 35 ans à 100 francs pour 75 francs
prêtés, soit 33 0/0 de prime par tirage au sort régulièrement
assuré ; c'est que, en même temps, l'Etat n'aurait emprunté
3 milliards 695 millions qu'au taux de 2 1/2 0/0.

Quand j'émettais la donnée d'un emprunt où les prêteurs auraient un gros intérêt, et où l'État n'en paierait qu'un fort minime,
je récoltais l'ironie. Je viens cependant de montrer la part des
prêteurs d'or : 6 3/4 d'intérêt et 33 0/0 de prime d'amortissement !

Mais ce n'est pas tout, il est un autre prêteur intermédiaire,
c'est la Banque de France. Voici sa part : 15 0/0 d'intérêt an-
nuel de son capital, pendant 35 ans, dont 10 0/0 fixes et 5 0/0

soumis à des conditions. Je ne pense donc pas trouver une grande opposition de ce côté.

Enfin, mon consortium doit retirer un certain bénéfice comme prêteur intermédiaire ou garant. Il devait fournir 100 millions de garanties pour assurer que les douze cent millions empruntés par l'État, en or, seraient souscrits. Il devait, en outre, constituer 900 millions de cautionnement, de fonds d'assurances sacrifiés d'avance, au besoin, pour payer toutes primes sur l'or dont les billets de banque pourraient être affectés, durant 35 ans. Les premiers 100 millions de caution sont toujours à votre disposition, si vous voulez émettre les 1,200 millions d'or en souscription publique. Ou bien cette caution devient inutile, et j'offre publiquement d'en verser les 100 millions en compte courant à MM. de Rothschild et consorts, pour faciliter l'emprunt. Je n'y mets pas d'autre condition que l'intérêt à 3 0/0, pour une durée à débattre.

Quant à l'État et au public, leur bénéfice serait encore plus important.

D'abord il y aurait le gain de la différence entre 2 1/2 0/0 et 6 3/4 0/0 d'intérêt. Car il faut que le public apprenne à discerner clairement que le dernier emprunt a coûté 6 3/4 0/0, d'après le compte rendu de M. de la Bouillerie. L'emprunt imminent ne coûtera pas moins et il coûtera beaucoup plus, par un aléa dans les frais que le public ignore et qu'il n'a point vu dans l'emprunt de 2 milliards; c'est l'aléa des frais du change que M. Thiers a parfaitement donné à comprendre, cependant, dans ce paragraphe de son Message :

« La difficulté ne consistait pas à trouver à emprunter et à réaliser immédiatement le produit des emprunts, elle consistait à payer 2 milliards hors de France. On ne peut payer hors du pays une somme grande ou petite que de deux manières : ou en métal, or et argent, ou en marchandises, lesquelles sont représentées par des traites sur l'étranger... Nous avons acheté du papier sur l'étranger, non-seulement pour le premier milliard, mais encore pour le second... Nous avons nécessairement *fait monter le change*. »

Il s'agit donc de calculer ce à quoi la perte au change, incluse dans les frais d'émission du dernier emprunt, a réduit son produit net. Il faut savoir lire dans un budget, a dit M. Thiers. De même, tout le monde ne sait pas que le véritable prix de la dernière émission a été 74 francs 17 centimes de capital perçu par l'État, en réalité, pour 5 francs de rente remboursables à 100. Je le prouverai bien facilement. (Page 35.)

Prenant pour base la parité de prix de cette dernière émission, je soutiendrai, preuve en main, que ce n'est aucunement à 6 1/4 0/0 de capitalisation, comme un vain peuple pense, mais à 6 3/4 qu'a effectivement emprunté et que va emprunter, tout au moins, le Gouvernement. De là à 2 1/2 0/0, j'offre une première économie de 4 1/4 0/0, ou de 93 millions par an, sur 2 milliards 200 millions.

Cette économie est, il est vrai, réduite à 53 millions, parce que l'amortissement à 1,83 0/0 des 2 milliards 200 millions ci-dessus exigerait 40 millions, en sus de l'intérêt à 2 1/2 0/0.

En outre, ma combinaison consoliderait à 2 1/2 0/0 d'intérêt et 1,83 0/0 d'amortissement les 1,500 millions d'avances concertés avec la Banque, à 4 0/0 d'intérêt il est vrai, mais à 13 1/2 0/0 d'amortissement, soit à 215 millions par an pendant sept ans, tandis que l'annuité serait réduite à 110 millions. C'est encore une économie de 150 millions par an ; total 203 millions !

Pourtant, il y aurait un amortissement en trente-cinq ans qui fonctionnerait sur 3 milliards 695 millions, au lieu de 1,500 millions d'amortissement seulement projetés par l'État.

Mais tout cela n'est encore que le plus petit côté de la question. J'établirai que l'intérêt que paie le pays est bien peu de chose à côté de la somme de reproduction de richesses qui s'éteint fatalement en lui, et que cette déperdition se mesure au moins à 30 0/0 par an des capitaux que tout emprunt enlève à la circulation indigène, pour les livrer en perte sèche à la Prusse.

Exportez 4 milliards de capitaux français pour la rançon et il y aura un intérêt quelconque, soit de 2 1/2 0/0, soit de 6 3/4 0/0, suivant votre système ou le mien, à faire payer par autre chose que par ces capitaux consommés improductivement, puisque ce ne seront pas ces capitaux disparus qui produiront cet intérêt.

Il y aura l'intérêt perdu sur ces 4 milliards ! et 30 0/0 en sus de reproduction de richesses perdues : je dirai comment.

Mais, auparavant, j'en reviens à la négociation de la Part de Concession que je réclame encore.

Je vise à établir que ma combinaison peut se concilier avec l'emprunt en 5 0/0. Le contrat fût-il conclu en entier entre l'État et les banquiers, je n'en croirais ma proposition que plus avancée, car je me ferais fort de prouver aux parties contractantes qu'elles ont tout intérêt, de part et d'autre, à unir mon opération à la leur. Je puiserai une grande force dans le discours même du 20 juin 1871, où M. le Président exposa les motifs de l'emprunt en 5 0/0, *tout en réservant la Banque pour un élargissement de ressources.* Je rentre dans le cadre complet de M. Thiers, dans l'emploi de deux uniques instruments de crédit qui sont l'emprunt en 5 0/0 et le billet de banque.

Il en est tellement ainsi que mon opération peut coïncider avec l'emprunt en 5 0/0, pourvu qu'il me soit permis de m'entendre avec MM. les banquiers pour qu'une partie de l'emprunt, ou 1 milliard 200 millions, soit effectuée en or et déposée à la

Banque, laquelle émettrait 2 milliards 200 millions de billets de banque à nouveau, en échange de ces 1,200 millions d'or. D'un côté, la Banque absorberait 1 milliard 200 millions du produit de l'emprunt pour accroître son encaisse, mais, de l'autre, elle procurerait en billets de banque, non-seulement ces 1 milliard 200 millions, mais 1 milliard en sus.

C'est que mon offre d'environ 3 milliards 700 millions n'a jamais eu pour but que de produire 2 milliards 195 millions à nouveau, parce que le solde de 1 milliard 500 millions ne comptait dans les 3 milliards 695 millions que pour consolidation des 1,500 millions que le Contrat avec la Banque a déjà assurés à l'État.

Il n'y avait donc qu'une différence entre mes offres et l'emprunt tout entier en 5 0/0 ; c'est qu'il suffit que l'emprunt pur et simple en 5 0/0 soit diminué d'un milliard, que ferait la Banque en billets, pour que mon système puisse se confondre avec les intérêts de MM. les banquiers et de la souscription publique elle-même.

En ce cas, il est vrai, je réclamais encore une part de 1,200 millions d'or à effectuer par mon consortium, ou groupe personnel, ce qui paraît une nouvelle réduction de 1 milliard 200 millions pour le syndicat des banquiers déjà en ligne et pour la souscription publique. Mais cette difficulté n'est qu'apparente, et je suis prêt à montrer que mon consortium peut sous-traiter, comme l'on dit, ces 1,200 millions d'or, les rétrocéder au syndicat ou au public, aux conditions mêmes auxquelles le Gouvernement est prêt à donner l'emprunt à ce syndicat ou à ce public.

Et cela par une raison bien simple, Monsieur le Ministre. C'est que mon consortium n'a jamais songé à gagner un centime entre le Gouvernement et les sous-traitants, ou le public, sur cette partie de l'opération. Il y a plus, le consortium donnait

100 millions de caution qu'il pouvait perdre, pour garantir la réalisation de ces 1,200 millions, sans y gagner, je le répète, un centime, tout allant au mieux. Ces 100 millions, je les offrirai même en compte courant à 3 0/0 au syndicat des banquiers pour faciliter l'emprunt, si le syndicat s'entend avec mon consortium, dont le bénéfice est tout à fait ailleurs. Il est dans des calculs d'assurance du change, et ce bénéfice consiste légitimement dans des calculs algébriques semblables à ceux des grandes Compagnies d'assurances.

J'insiste vivement sur ce point d'une grande importance. Ce n'est pas sur l'or des 1,200 premiers millions que le consortium vise à un bénéfice. Tout était calculé pour faire les plus grands sacrifices dans ce premier coup de collier, et, loin d'être une concurrence pour le syndicat des banquiers, la concession que je persiste à réclamer se rachète pas une rétrocession fort avantageuse pour les banquiers ou pour la souscription publique, comme on voudra.

J'en prends à témoin les déclarations formelles de ma première pétition du 16 mars, qui posaient alors une énigme, en promettant que les titres rétrocédés en souscription publique le seraient au même taux que le 5 0/0 de l'emprunt de 2 milliards. J'en donne la meilleure explication. C'est qu'il n'y a jamais eu, dans notre pensée, un bénéfice intermédiaire pour nous sur ce point.

Le pivot de mon opération est dans l'apport de ces 1,200 millions en or à la Banque de France et dans la condition que, au lieu d'être aussitôt employés à payer la Prusse, ces 1,200 millions d'or soient déposés à la Banque de France et qu'ils soient joints aux 732 millions d'encaisse actuels.

On peut alors estimer en chiffre rond, que l'encaisse de la

Banque serait de 1,950 millions, par rapport à 5 milliards de circulation autorisée.

Mais, objectera-t-on peut-être, à quoi bon ce dépôt qu'aussitôt l'État aurait à reprendre ? A quoi bon mettre 1,200 millions d'or à la Banque, contre augmentation de 2 milliards 200 millions de billets, si l'or est à retirer le lendemain, en annulant à la Banque l'équivalence des billets rentrés ? — C'est un point sur lequel j'ai de graves raisons à donner.

Je suppose que, le lendemain, l'État retire 1,200 millions d'or et rende 1,200 millions de billets de banque : ces billets de banque seront-ils annulés ? Nullement. Mon consortium reprendra les 1,200 millions de billets de banque et réintégrera les 1,200 millions d'or à la Banque, en payant la différence ou perte au change par les 900 millions de garanties déposés en cautionnement de ces pertes aux changes, selon mes **Offres de 1 milliard de garanties du 16 mai dernier.**

Voici le principe essentiel de ma combinaison :

Il y a une navette à faire. Étant émis 5 milliards de billets, avec 1,950 millions d'encaisse, il faut calculer que des termes de paiement seront établis avec la Prusse. A un moment donné, 1 milliard de billets de banque viendra prendre un milliard d'or et il y aura 1 milliard de billets en moins en circulation. Il n'y aura plus que 4 milliards de monnaie fiduciaire en cours, et l'encaisse sera réduit à 950 millions. Mais aussitôt, le consortium, se mettant à l'œuvre, reprendra le milliard de billets à la Banque et les rejettera en circulation en rachetant 1 milliard d'or, dont il paiera au besoin la prime. Il aura remis l'encaisse à 1,950 millions à la Banque et il aura aspiré 1 milliard d'or de plus de la circulation, il est vrai. Mais le milliard de billets de banque rejeté en circulation aura suppléé à ce nouveau vide d'or.

En répétant trois fois cette opération, que sera-t-il arrivé ?
3 milliards d'or, plus les premiers 1,200 millions d'or auront été
drainés ; mais ces 4 milliards environ de métallique auront été rem-
placés par 4 milliards de monnaie fiduciaire ; car c'est bien
4 milliards de billets de banque qui auront été créés : 3,695 millions
pour l'État et 305 millions pour le consortium. (Voir p. 22.)

Il convient de remarquer que le vide aura été exactement
comblé, ce qui détruit la seule objection qu'on puisse faire à une
monnaie fiduciaire et qui est la crainte qu'on n'en fasse plus que
n'en demandent les besoins du pays. Ici l'objection est sans force.
La mesure de l'emploi est toute prise d'avance. On ne fait que
remplacer la monnaie sortie.

Il est un dilemme irréfutable : ou l'or restera abondant en
France et les billets de banque facilement échangés en or ne se
déprécieront pas, ou bien l'or deviendra rare et le billet ne fera
que remplir exactement le vide, en étant continuellement maintenu
au pair par le consortium.

J'entre maintenant dans une autre considération. A côté de
200 millions d'économie par an au budget, mon système en offre
une autre, et j'appelle sur son chiffre la sollicitude la plus attentive
du Gouvernement.

Je prétends démontrer à fond, dans une prochaine adresse à
M. le Président de la République, que ces 4 milliards de circulation
extraordinairement créée réaliseront, pendant trente-cinq ans,
1,200 millions d'économie par an, en dehors de l'économie d'intérêt.

Je dis douze cents millions d'économie, Monsieur le Ministre.
Car les capitaux circulants que l'emprunt ordinaire enlèverait au
pays ne produiraient plus rien, pendant qu'une dette de 4 milliards
coûterait des intérêts. En dehors de ces intérêts à trouver, la gêne

produite par l'absence de capitaux sera énorme. Je prétends la chiffrer facilement. Je ne confonds nullement la monnaie, cette partie du *capital*, avec le tout. Je compte en France 50 milliards de capitaux *circulants* dont les métaux soient le dixième, les valeurs mobilières, les effets de commerce et le reste des capitaux circulants formant 45 milliards. A côté de cela, la *terre* et les *capitaux fixes* et *engagés,* et le travail, ou l'industrie, ne produisent qu'avec l'aide de 50 milliards de capitaux circulants.

Quelle est la production générale du pays. Je ne l'évalue qu'à 20 milliards par an, dont je suppose que 5 milliards peuvent à la rigueur être produits par les seuls agents naturels de la terre et le travail. Restent 15 milliards qui ne se produisent que parce qu'il y a 50 milliards de capitaux circulants en France. La proportion de 15 de production à 50 de capital circulant est de 30 0/0. Donc, ôter un milliard de capitaux circulants à la France, c'est ôter 300 millions de production par an, et distraire 4 milliards c'est anéantir 1,200 millions de reproduction par an !

Dans ces conditions, l'emprunt n'est qu'une contribution, frappant sur le crédit. L'État enlève aux affaires, pour les livrer à la Prusse, les fonds que les capitalistes prêteraient au commerce et à l'industrie. C'est ainsi que l'emprunt n'a du crédit que ce qu'il en faut pour lever une *contribution* désastreuse.

On objectera que l'étranger aura beaucoup participé à l'emprunt. Je réponds péremptoirement. Je veux supposer même que l'étranger prête 5 milliards sur les 9 milliards de dépenses nécessités par la guerre ; mais il y aura au grand moins 4 milliards à tirer du sol, en capitaux à détruire, à *consommer improductivement.*

Sur ces 4 milliards, l'État se prévaudrait vainement d'avoir déjà créé 1,500 millions de papier-monnaie, puisqu'il n'a rien de plus pressé que de les amortir, de retirer des capitaux indispensables au pays, et de le priver de 1,500 millions de monnaie, sans laquelle il n'eût pas réalisé ses emprunts.

Ainsi je fais la plus large part aux prêts de l'étranger, en supposant, par impossible, qu'ils recomblent 5 milliards d'emprunts, à leur part, pour solder 9 milliards de dépenses. Mais je n'admets guère la réalité de ma bénévole hypothèse. Car je suis fort sceptique à l'égard du concours étranger. Il ne sert guère qu'à spéculer à nos dépens, et rejeter nos titres en France. J'ai pour moi trois autorités, celle de M. le baron James de Rothschild, celle de M. Léon Say, préfet de la Seine et député, celle de M. Goschen, ex-ministre du commerce d'Angleterre. M. le baron de Rothschild a déposé solennellement, dans l'enquête monétaire de 1865-1866, contre l'idée des emprunts demeurant à l'étranger, en affirmant, avec le poids de sa grande autorité, que les 5/6es des emprunts retournent très-promptement dans le pays qui les a faits. MM. Goschen et Say ont publié la même observation dans la *theory of exchange* du premier et sa préface par M. Say.

A cet égard, je crois devoir relever une illusion qui consiste à énumérer, comme disponibles en Europe et destinés à l'emprunt français, les fonds non employés par les particuliers et qu'ils ont placés en dépôt dans les diverses banques de leur pays. Un travail remarquable a été publié dans ce sens et arriverait à une addition de 6 milliards de comptes courants dans les principales banques d'Europe. La France y figure pour 1,200 millions, y compris 528 millions de comptes créditeurs à la Banque de France.

Je crains qu'il n'y ait là une profonde erreur, et je crois que, si l'on s'avisait de retirer ces dépôts de ces banques, il en résulterait une crise épouvantable ; je fais observer que la plupart de ces dépôts ne sont là que pour les retirer à bref délai, de nouveaux versements remplaçant chaque jour ceux qu'on retire.

Ces dépôts, improductifs d'intérêts, ne font qu'une halte à ces banques, en vue de prochains emplois. Mais les banques, calculant sur le remplacement continu des uns par les autres, ont employé ces dépôts, et si on les retirait pour l'emprunt, une crise violente sévirait.

Je puis m'appuyer encore sur une remarque importante.

Tous les principes qui ont présidé à mon plan financier me sont dictés par les doctrines d'un grand maître, de M. Thiers en personne. Je retrouve le désideratum même de ma combinaison, clairement prévue et espérée, dans la déposition savante que M. Thiers fit dans l'enquête monétaire, devant le Conseil supérieur de l'Agriculture, du Commerce et de l'Industrie (1865).

M. Thiers m'ouvrait alors la porte à deux battants. Il constatait que les achats de métaux précieux par la Banque de France « sont » un moyen extraordinaire de parer aux crises qu'il ne faut pas » dédaigner »... « Il est certain, ajoutait M. Thiers, que, sous ce » rapport, il reste à faire. Le temps suggérera des combinaisons nou- » velles... et on peut même se demander s'il n'en résulterait pas » pour la Banque l'obligation, le moyen et l'habitude de se livrer, de » s'appliquer à l'approvisionnement des métaux précieux, ce qui est » sa mission véritable et essentielle, puisqu'à elle appartient la charge » de maintenir la proportion convenable entre la circulation en » papier et la circulation en argent ». (Dépositions orales devant le Conseil supérieur du Commerce, etc., résumées : publication faite par ordre du Ministre, p. 330.)

Cet ouvrage vient d'être distribué par le Gouvernement à MM. les députés. J'y retrouve un précis des idées de M. Thiers sur la Banque que je connaissais. Je sais que toutes mes combinaisons sont en rapport avec ces idées, et que M. le Président a des opinions beaucoup plus larges qu'on ne lui en attribue en ces matières.

Je n'ai pas manqué de les rechercher toutes, et je me crois assuré d'obtenir l'appui de M. le Président de la République.

Permettez-moi maintenant, Monsieur le Ministre, de vous faire remarquer plus en détail la liaison de ce qui précède avec le PROJET DE CONTRAT qui a initié le Ministère des Finances à ma combinaison financière, depuis le 5 décembre 1871.

Je publie aujourd'hui ce Projet, en vue de produire une clarté décisive dans tous les esprits. Mes droits d'auteur n'en seront que mieux consacrés, selon ce mot de Cuvier : « Il n'est aucune propriété plus sacrée que celle des conceptions de l'esprit. »

COMBINAISON FINANCIÈRE

RÉDIGÉE EN

PROJET DE CONTRAT

POUR L'EMPRUNT EN OR A 2 1/2 0/0

A MONSIEUR LE MINISTRE DES FINANCES.

(Ce projet a été remis le 5 décembre 1871.)

MONSIEUR LE MINISTRE

A l'appui de ma lettre du 3 du mois de décembre courant, j'ai eu l'honneur de vous annoncer et je viens aujourd'hui vous remettre une note explicative, dont je vous prie de m'accuser réception confidentielle.

Elle résume les termes en lesquels peuvent être conçus, à peu près comme suit, le contrat et l'opération proposés :

Par les présentes :

Entre M. le Ministre des finances, d'une part ; et M. Eugène Théryc du Chatellard, ancien agent de change à Marseille, habituellement domicilié en ladite ville, d'autre part ;

Il est exposé que M. Théryc est le promoteur d'une opération
financière pour laquelle il a été et il est convenu ce qui suit :

ARTICLE PREMIER.

Il est spécialement réservé à M. E. Théryc de nouer l'entente
de l'État et d'une association ou d'un **consortium** de financiers et
de capitalistes, déjà préparé par les soins dudit Théryc, et qui s'enga-
gera à verser dans les caveaux de la Banque de France une somme
effective de **douze cents millions de francs** exclusivement composée
en numéraire et espèces ou lingots d'or et d'argent, évalués au titre
de fin légal de France.

ART. 2.

Ce dépôt de métaux précieux constituera, pendant trente-cinq
ans, un **cautionnement de la convertibilité constante en espèces**
d'une circulation *fiduciaire* dont la somme totale, à diviser en deux
catégories distinctes, sera de :

1° 1 milliard de francs, maximum d'*émission ordinaire*,
comprenant les avances et escomptes aux particuliers, et tous billets de banque émis, avant la guerre
de 1870, en faveur de l'État, en représentation du
capital et des réserves diverses de la Banque ;

2° 4 milliards de francs, maximum auquel sera élevé, pour
compte de l'État, une émission *extraordinaire* de
billets de la Banque de France, y compris les
1,530 millions de billets de ce genre motivés par
la guerre d'Allemagne.

Total 5 milliards de francs de circulation tant ordinaire
qu'extraordinaire.

Art. 3.

Au delà de 1,000 millions d'émission ordinaire, la Banque de France sera soumise à la règle érigée en Angleterre, par l'*Act* de 1844, et qui consistera à n'avancer aux particuliers qu'un surplus de billets de banque représenté par certaines rentrées de numéraire.

Art. 4.

La Banque de France, en regard des avantages à elle faits (art. 12), sera désormais soumise aux étroites obligations du droit commun pour le paiement *insuspensible* de ses billets en espèces métalliques, à vue et au porteur ; elle y devra exposer, au besoin, son capital, ses réserves, ses bénéfices habituels et les 29 millions de francs par an que la présente opération lui fera gagner, durant trente-cinq ans, à charge d'en consacrer une partie à des *Réserves spéciales* dans ce nouveau but.

Art. 4 *bis*.

Le principe irréfragable de la convertibilité des billets, ainsi que l'abolition du *Cours forcé*, sera inauguré par l'appui et l'apport du nouveau *Capital-Encaisse*, bien différent des encaisses *fictifs* que les banques font dériver des dépôts et comptes courants exigibles à vue et en métallique, en concurrence de leurs billets.

Art. 5.

D'autres voies et moyens, à l'effet de compléter l'exécution de l'article 4, seront soumis par M. Théryc à la haute approbation de Monsieur le Ministre des Finances.

Art. 6.

Pour avoir le véritable caractère d'un cautionnement, de 24 0/0 par rapport à un maximum de circulation de 5,000 millions de francs de billets de banque, les 1,200 millions de francs effectifs de Capital-Encaisse ou numéraire, à nouveau, seront fournis par le **consortium**, en garantie *à forfait* de ladite circulation, envers les tiers porteurs des billets de la Banque, durant trente-cinq années.

Art. 7.

Les 1,200 millions de francs d'or du consortium lui seront remboursés directement par l'État, en trente-cinq annuités d'environ 100 millions de francs chacune. Comme créancier de ces annuités, le consortium sera placé au simple rang de tous autres créditeurs et rentiers de l'État.

Art. 8.

Par contre, ledit consortium étant autorisé à se former en Société anonyme par Actions, devra avoir réglé les bénéfices et amorti les mises de fonds de tous les actionnaires, dans période égale de trente-cinq années.

Art. 9.

Au bout desquels trente-cinq ans, l'Etat sera devenu propriétaire des 1,200 millions de francs de numéraire fournis par le consortium à la Banque de France, et il s'en servira pour faire, à cette époque, un remboursement de 1,200 millions à valoir sur les 4,000 millions de francs de billets de banque *extraordinairement* émis pour son usage.

Art. 10.

Le solde des 2,800 millions de francs de circulation *extra-ordinaire* sera amorti au moyen de trente-cinq annuités de 34 millions de francs chacune, seulement, ainsi qu'il sera prouvé à l'article 23.

Art. 11.

La circulation *extraordinaire*, ou de 4,000 millions de billets de banque, sera garantie solidairement aux tiers-porteurs par la Banque de France et par l'Etat, en faveur duquel l'émission en aura été faite.

Art. 12.

Outre les annuités de :

	100	millions de francs servis au consortium,	
	34	—	— pour amortissement du solde,
il y aura	29	—	— bénéfices qui seront payés annuellement à la Banque de France,
	160	—	— formeront donc le total de l'*annuité générale*.

Cette *annuité générale*, servie durant trente-cinq ans par l'État, aura suffi pour éteindre les intérêts et le principal d'une dette *nominale* de 4,000 millions de francs (en billets de banque).

Cette *dette nominale* sera constituée par conséquent à 4 0/0 du pair, amortissement en trente-cinq ans y compris.

ART. 13.

L'émission extraordinaire de 4,000 millions de francs de billets de banque ayant abouti à réaliser régulièrement *ce même chiffre* d'emprunt d'État, c'est là-dessus, sur 4 milliards, la somme de 3 milliards 695 millions de francs qui, retenue nette par l'État pour son usage, lui coûtera en réalité 4 fr. 33 c. 0/0 l'an par 160 millions d'annuité, payables pour 3,695 millions de ressources *effectives*.

ART. 14.

Le restant, ou 305 millions de francs, en billets de banque, provenant de la circulation extraordinaire, sera remis au groupe que M. Théryc représente, pour frais de tous genres, commissions, **Perte au Change** et rémunérations diverses ; étant établie en principe la clause que, moyennant garanties à débattre fournies par lui, M. Théryc sera libre et rendu fort de régler l'emploi et la distribution dudit solde de billets de banque entre ses co-intéressés, partenaires et bailleurs de fonds. *(Ces garanties se sont traduites par l'offre d'un milliard de garanties le 16 mai dernier.)*

ART. 15.

L'impartition des frais d'annonce de l'opération sera discutée en dehors et indépendamment de ce qui précède, ainsi que celle des frais à faire pour le mouvement de trésorerie de l'émission première de l'affaire. *(Le consortium, aujourd'hui, les prend à sa charge.)*

Art. 16.

Le pourcentage de 4 fr. 33 c. que représente l'annuité de 160 millions, par rapport à 3,695 millions d'emprunt effectivement réalisés, se décompose en :

2 fr. 50 c. 0/0 l'an d'intérêt,
1 fr. 83 c. 0/0 l'an d'amortissement.

4 fr. 33 c. 0/0

Et c'est le total d'annuité pour une dette à 2 1/2 0/0 amortissable en trente-cinq ans (selon la table XX, p. 94, de Violeine).

Art. 1 .

Cette annuité de 160 millions de francs est calculée en tant que soit pleine l'émission *extraordinaire* de 4,000 millions de billets de banque. Mais le point de départ et le principe de la combinaison, à l'opposé des excès de circulation à cours forcé, sont de ne rendre immédiate que la nouvelle affluence de 1,200 millions de francs de Capital-Encaisse métallique à la Banque, venant s'ajouter aux 730 millions d'encaisse qu'elle a déjà.

Art. 18.

Cette affluence de métallique permettra de rétablir la convertibilité en espèces des billets de banque actuels. Mais l'accroissement de l'émission extraordinaire de billets de banque ne sera progressivement élevé à son maximum prévu que dans une série de délais dictés par la prudence.

Art. 19.

Il est possible de réduire et de graduer d'abord les 160 millions d'annuité à servir par l'État, de telle façon qu'elle soit toujours en parité proportionnelle de 4 fr. 33 c. 0/0 l'an des sommes effectivement empruntées par lui.

Art. 20.

Arrivée à son maximum de 4,000 millions de francs, la circulation fiduciaire — *extraordinaire* — des billets de banque ne s'élèverait, *en réalité*, qu'à 2,800 millions de francs — attendu que cette circulation coïnciderait toujours avec un cautionnement métallique de 1,200 millions de francs à valoir, et que le retrait même entier de cet encaisse, pour convertibilité de billets en espèces, annulerait somme égale de billets de banque, réduisant leur stock à 2,800 millions de francs.

Art. 21.

Des conditions sérieuses seront établies pour que la totalité du cautionnement en métallique soit rapidement entrée dans l'encaisse de la Banque, avant cessation du cours forcé, et pour éviter toutes compensations qui rendraient l'opération fictive ou illusoire.

Art. 22.

Les 4,000 millions de francs de billets de banque mis en circulation extraordinaire y *demeureront tous* durant toute la période de trente-cinq ans.

Art. 23.

L'entier amortissement de cette somme, au lieu de se faire directement par un retrait graduel de la circulation, ne s'opérera que par **deux sortes de virements indirectement agissants** :

D'une part, les 1,200 millions de francs en espèces seront devenus progressivement la propriété de l'État, par l'annuité servie au consortium.

D'autre part, l'amortissement du solde de 2,800 millions de francs de billets de banque, s'il n'est pas directement opéré sur ces billets, le sera sur les 2,800 millions de dette ou 140 millions de rente 5 0/0. Le pourcentage nécessaire, en sus de 5 francs d'intérêt, étant de 1 franc $\frac{107.171}{1.000.000}$, pour amortir le capital au pair de chaque 5 francs de rente 5 0/0, il en résulte que le solde de 31 millions d'annuité (réservés à l'article 11) éteindra largement 2,800 millions de francs de dette 5 0/0, en trente-cinq ans. (Voir Violeine, tableau XX, p. 104.)

Au bout des trente-cinq années, l'État aura toujours à son passif 4,000 millions de francs de dette à la Banque de France ou aux tiers porteurs des billets de banque en circulation ; mais cette dette sera balancée à son actif, par :

1,200 millions de numéraire,
2,800 millions en 140 millions de rente 5 0/0 retirées
de la circulation ;
____
4,000 millions de francs : Total égal.

L'État remboursera 1,200 millions de francs de billets de banque avec son numéraire, et il retirera les autres 2,800 millions de la ciriulation en remettant en leur place, en émission publique, les 140 millions de rentes 5 0/0 : mais il ne paiera plus les 160 millions d'annuité.

Art. 24.

De plus, en faisant porter l'extinction indirecte sur les 250 millions d'obligations de l'emprunt Morgan 6 0/0, au pair et sur des rentes 3 0/0 au cours de la Bourse, on pourra gagner un rabais important d'annuité.

Tel est, Monsieur le Ministre, le bref aperçu du contrat et des opérations pour lesquelles veuillez me permettre une discussion *verbale* qui me mette en mesure d'éclaircir tous les doutes.

COMMENTAIRE.

Paris, le 30 juin 1872.

En voulant bien reporter son attention aux articles 13 et 14 du Projet de Contrat (page 22), M. le Ministre y retrouvera la nature des 305 millions de francs moyennant lesquels je me charge de faire solder à forfait toutes les dépenses qu'occasionnerait ma combinaison de 3,695 millions d'emprunt et toutes pertes au change sur 5 milliards de billets de banque, durant trente-cinq ans.

L'article 13 porte que, sur 4,000 millions de billets émis en faveur de l'État par la Banque de France, l'Etat en retirerait 3,695 millions pour son usage.

L'article 14 du Projet indique ensuite avec la plus grande netteté dans quelle latitude le solde de 305 millions de billets de banque

me serait réservé ; mais j'espère que, de mes OFFRES D'UN MILLIARD
DE GARANTIES et des èxplications suivantes, je vais faire ressortir une
ample justification de ces 305 millions de ressources ménagées dans
un but tout particulier.

Cette condition de mon PROJET DE CONTRAT, qui semble la plus
intéressée, la plus personnelle, qui est certes la base de mon bénéfice éventuel, je l'aborderai très-rondement, parce qu'elle ne
saurait arrêter, quoique bien à tort, l'octroi de ma concession
par quelque appréciation erronée.

Il m'est facile de démontrer, au contraire, que rien ne doit
plus en hâter la conclusion.

C'est par cette réserve ou bonification de 305 millions que
j'opérerai une réforme de la plus haute importance pour l'État,
pour le public souscripteur à l'emprunt et pour l'intérêt général.

Cette réforme présente des faces multiples. Veuillez me permettre de les exposer.

Elle a d'abord le mérite assez rare d'une franchise qui fera
de la souscription publique une vérité non encore réalisée.

D'abord, l'article 13 de ma *combinaison* financière (page 22)
doit faire ressortir que les 305 millions remis par l'État, sur
4 milliards de billets de banque émis en sa faveur, n'exhaussent
en rien le taux de 2 1/2 0/0 d'intérêt et 1, 83 0/0 d'amortissement,
eu égard aux 3,695 millions qui resteront nettement perçus par
l'État.

Ainsi, je résous la question de payer les frais immédiats sans
aggravation d'intérêt et sans surendetter nominalement l'État de ces

305 millions. Car leur amortissement est compris dans l'amortissement des 3,695 millions.

Voilà donc 305 millions en dehors de l'intérêt et de l'amortissement de l'emprunt. L'État peut les donner sans que cela affecte
aucunement son budget. *C'est payé* comme par surcroît par l'annuité
qui amortit en même temps les 3,695 millions.

Secondement, mon consortium s'oblige à déposer *1 milliard*
de garanties en titres de rente, dont 900 millions pendant trente-cinq
ans, en échange de ces 305 millions, dont on ne saurait dire que
le don soit fait au consortium, puisqu'il cautionnera un milliard
pour 305 millions reçus.

En cela le consortium garantit les frais d'émission de 3,695
millions d'emprunt et la *perte au change,* non pas seulement une
fois pour les billets de banque émis, mais pour toute la durée
de leur circulation.

De plus, pour effectuer 3,695 millions d'emprunt, c'est de
bien autre chose que de 305 millions, c'est de 1,500 millions en
sus des 3,695 millions obtenus, q'un emprunt dans le genre du
dernier aurait endetté le pays. Une simple règle de proportion
l'établit : Si l'Etat, pour emprunter 2 milliards, s'est grevé de
2,700 millions, pour réaliser 3,695 millions, il se serait grevé de
5,200 millions, soit de 1,500 millions de plus qu'il n'aurait reçu. Je
le répète donc, il y aurait *douze cents millions de frais de plus*
que les 305 millions de mon système.

J'ai calculé le prix d'émission devant amener les 1,200 millions
d'or au taux d'un paiement intégralement au comptant. Donc, je
n'ai plus à cautionner la réfraction d'escompte. Je m'attache à
supporter seulement le change et les frais de trésorerie et commissions pour l'apport des premiers 1,200 millions d'or.

A cela, j'ai affecté 100 millions de garantie, à condition que ce ne soit pas le Gouvernement, mais mon consortium aussi, qui débatte les commissions et le change.

Mon consortium peut s'engager à réaliser la plus franche des souscriptions publiques.

Il peut déléguer une partie des 160 millions d'annuité de l'État (art. 12 p. 21) à une souscription publique. Il s'agirait de remettre un titre de 5 francs de rente remboursable à 100 francs, à quiconque apporterait 75 francs en or au comptant.

·Enfin, je puis démontrer, Monsieur le Ministre, que mes garanties sont surabondantes.

Suivant l'annonce de l'article 5 du Projet de Contrat, et à l'appui des articles 4 et 4 *bis*, j'ai eu l'avantage de faire des déclarations formelles à M. le Ministre des finances, et je viens les renouveler.

Aux jour et heure où M. le Ministre pourra contresigner avec moi le **Contrat**, je m'engage à ne pas quitter son cabinet sans y avoir laissé la **provision de garanties d'un Milliard de francs** — *que je suis prêt* à transmettre, déléguer ou déposer en compte courant — *en Rente française, Billets de banque ou Bons du Trésor français.*

Neuf cents millions de francs, affectés à un usage sans précédent, constitueront un immense fonds d'assurance du change, livré et sacrifié d'avance, s'il le faut, à recombler toutes pertes au change qui pourraient se produire sur les billets de la Banque de France, dans une période de trente-cinq années.

Au lieu de laisser au public ou à la Banque de France les chances de déperdition des billets de banque par rapport à l'or, les 900 millions de fonds de garantie serviraient au besoin à payer tout autant de primes sur l'or ou différences éventuelles pour changer les billets de la Banque en espèces. Or, en comblant

900 millions de francs de *primes*, si prime il y a, et si la *prime de l'or* était en moyenne de 2 0/0, comme dernièrement, **c'est quarante-cinq milliards de francs de billets de Banque que neuf cents millions de garantie permettraient d'échanger au pair contre de l'or ou de l'argent**, en faveur du public ; — sans compter combien de milliards de billets seraient assurés encore par les *primes* que pourraient payer les intérêts composés des *garanties principales*.

Il ne reste, je pense, qu'un point à éclaircir ; c'est l'article 2 du Projet de Contrat (page 18).

Sur 5 milliards de circulation, 4 milliards étant pris pour l'emprunt d'État, il ne reste que 1 milliard pour le commerce et les 160 millions de réserves de la Banque placées en rentes ; tandis que, en 1869, cette circulation s'est élevée jusqu'à 1,450 millions environ ! C'est pourquoi mon projet de contrat manuscrit portait 5,400 millions de circulation totale pour subvenir à 1,400 millions de circulation *ordinaire*.

Mais je propose de réduire cette marge à 1 milliard de billets, en calculant que la différence de 400 millions peut être donnée aux besoins du commerce, aux dépens de l'encaisse numéraire, que la Banque n'a pas besoin de maintenir à 38 ou 39 0/0.

Étant admis 450 millions de saignée à l'encaisse, par le commerce, il en resterait 1,500 millions en face de 5 milliards de billets émis. C'est encore 30 0/0, et le principe serait de ne jamais laisser tomber l'encaisse au-dessous de 30 0/0 de la circulation.

C'est la règle admise par les plus sages.

En ce cas, ce serait une affaire de moyenne. Les comptes courants des particuliers et de l'État peuvent s'élever à 450 millions et les besoins du commerce à 450 autres millions ; mais jamais tout cela ne se présente à la fois. Avec 450 millions de saignée permise à son encaisse, la Banque a de quoi satisfaire à la moitié de ces prévisions réunies. C'est plus que suffisant. C'est une moyenne certaine.

CONCLUSION.

MONSIEUR LE MINISTRE,

Veuillez me permettre un commentaire.

J'ai l'honneur de conclure, pour l'adoption de mon système d'emprunt, par un exposé qui se fonde sur les renseignements les plus précis et les plus incontestables.

Il résulte de précieux avis que j'ai obtenus, un trait de lumière, une véritable révélation.

Nous nous payons souvent de mots, en France, a dit récemment M. le Président de la République.

J'en apporte une preuve, au sujet de ce grand mot de *Souscription publique des Emprunts*.

J'ai été mis en état d'édifier tout le monde à cet égard.

Je puis désormais réclamer en toute hardiesse, avec énergie et les mains pleines de faits irrécusables, cette PART DE CONCESSION D'EMPRUNT, que j'ai trop longtemps sollicitée... comme une sorte de privilége !

Le rôle est changé aujourd'hui, Monsieur le Ministre. C'est pour ainsi dire un droit et non une faveur, c'est du moins un intérêt général et non un monopole que je mets en cause, en balance avec un mot absolument vide du sens principal qu'on lui donnait.

Je sais maintenant, de source pertinente et certaine, la valeur de ce que j'offrais, de ce que je revendique actuellement : C'est une condition que le Gouvernement, a tenté vainement d'obtenir naguère de MM. les banquiers ; celle de faire garantir *à forfait,* à l'État, les **frais d'émission** d'un emprunt de deux milliards.

C'est ce que je propose pour la part d'emprunt que je réclame.

J'ose vous dire :

Ces **frais d'émission** viennent de s'élever à **trente-cinq pour cent** de la somme effective, et je vous offre de les réduire à **zéro pour cent** et de faire prendre ces frais à forfait et *aux dépens de mon* CONSORTIUM, avec toute sécurité pour l'État.

La différence de 35 0/0 qui en résultera, dans les frais d'émission, constitue **une économie spéciale de douze cent millions** sur les 3,695 millions d'emprunt qui se feraient par ma combinaison.

Je sais très-bien, Monsieur le Ministre, le profond étonnement que j'ai rencontré en haut lieu, quand on m'y a entendu parler de prendre à forfait les frais d'émission. C'est alors que je suis parvenu à pénétrer les arcanes des souscriptions publiques, et mon assurance n'a fait que s'élever à la plus complète certitude depuis que j'ai pu faire éclairer ma religion.

Je suis prêt à démontrer que mes provisions de garanties sont au-dessus de l'effort à accomplir.

Mes assertions s'appuient sur le **milliard de garanties** dont j'ai publiquement offert de justifier, à deniers découverts, au contrat, par ma *deuxième pétition* en date du 16 mai.

En ladite *pétition*, je croyais devoir soulever auprès de l'Assemblée nationale la question des *attributions ministérielles* ou *des pouvoirs discrétionnaires* de M. le Ministre des finances, pour conclure avec moi une CONVENTION PRÉLIMINAIRE.

Actuellement, Monsieur le Ministre, j'ai acquis la conviction que mes propositions ne sauraient tarder plus longtemps d'obtenir cette convention des pouvoirs ordinaires du Ministre des Finances et de la simple adhésion de M. le Président de la République ; puisque chaque syndicat obtient sa part. Je réclame la mienne.

Je ne puis croire qu'il soit possible de m'opposer encore l'inertie administrative, contre laquelle j'élèverais de vives récriminations, si je ne pensais qu'elle a pu être motivée par d'honorables scrupules, qui sont tombés.

Je crois que le Gouvernement a été retardé par une pensée qui lui fait honneur, et qui a été d'éviter toute apparence de favoritisme pour un entourage, une influence ou des amitiés quelconques.

Mais je suis heureux, au contraire, d'entrer dans de telles vues, en prouvant que ma part de concession réaliserait plus que jamais les principes véritables d'une souscription publique.

Son unique singularité serait de restreindre les frais intermédiaires entre le public et l'État.

C'est pourquoi il peut être utile de comparer les frais d'émission du dernier emprunt avec ceux que je présente.

Pour réaliser deux milliards nets, vous venez de vous endetter de 2 milliards 700 millions. Ces 700 millions en sus de deux milliards, c'est 35 0/0 !

C'est ce qui résulte du RAPPORT fait, au nom de la Commission du budget, par M. de la Bouillerie, membre de l'Assemblée nationale :

« L'emprunt de deux milliards que nous venons de contracter, « dit ce rapport, s'élève, avec les frais, commissions et escompte, « à la somme de 2,224,586,925f rancs, représentant, à 82.50, une « somme de rentes 5 0/0 à inscrire de 134,825,400 francs. » (*Journal officiel* du 8 octobre 1871, p. 3,873.)

Les 135 millions de rentes, capitalisées au prix nominal de 100 francs, représentent donc 2 milliards 700 millions de dette, pour 2 milliards effectifs, soit 35 0/0 de surendettement, que j'appelle frais d'émission, parce qu'ils sont nécessités par l'émission de 2 milliards.

C'est dire à bon entendeur que, si 2,224 millions bruts se réduisent à 2 milliards, le prix de 82,50 se réduit à 74 fr. 17 c. par la simple règle de trois :

2,224,586,925 : 8 milliards :: 82,50 : 74,17.

Les 35 0/0 de frais d'émission, votre emprunt de 2 milliards les supporte par une aggravation correspondante dans l'intérêt de cet emprunt. 135 millions de rentes divisés par deux milliards, c'est 6 3/4 0/0. Les *frais en dehors* ont porté à 6 3/4 0/0 l'intérêt des 2 milliards *effectivement* obtenus. De 5 0/0 à 6 3/4 0/0 il y a 1 3/4 0/0 de différence; et 1 3/4 0/0 sur 5 0/0, c'est 35 pour cent de surendettement en intérêts.

On trouvera peut-être qu'il est exagéré de compter comme frais d'émission la différence entre l'emprunt *effectif* et la dette *nominale* que contracte un Etat.

Il convient de faire un jour nouveau là-dessus. Je distinguerai plus loin, dans les 35 0/0 de surendettement, ce qu'on appelle plus spécialement frais d'emprunt. Mais il y a bien des idées à rectifier, tout d'abord, par une considération générale :

Il y a deux ordres de frais à l'émission des emprunts. Il y a les frais *immédiats* et les frais *lointains*.

Les frais *immédiats* sont ceux qui se traduisent en une augmentation d'intérêts. Dans le dernier emprunt, il aurait suffi de 121 millions de rente 5 0/0 émise à 82 fr. 50 c., pour les deux milliards voulus par l'État. Mais il a fallu émettre 14 millions de rente en plus, pour emprunter les frais *en dehors* immédiatement nécessités par l'opération. En effet, il y a eu à peu près 135 millions de rentes émises.

Les frais *lointains* consistent, au contraire, à redevoir davantage en principal, en sus des sommes empruntées, pour obtenir de payer moins d'intérêt par cent francs.

La ruse de certains gouvernants est d'a éger les frais immédiats de toute la somme qu'ils peuvent reporter en échange dans les frais lointains. Après eux le déluge !

Le Gouvernement a été plus franc. Il n'a pas fait comme l'Empire, qui masquait 65 0/0 de frais lointains par un allégement de frais immédiats, ou d'intérêt de l'emprunt.

Là où l'Empire empruntait 60 francs effectifs, il s'endettait de 100 francs *nominaux*. Cela faisait 100 francs dus pour 60 francs nettement perçus, soit 165 francs de dette pour 100 francs réalisés, soit 65 0/0 de *frais lointains!*

Le Gouvernement vient de préférer loyalement la surcharge de 35 0/0 dans l'intérêt, pour économiser 30 0/0 sur l'Empire, en frais *lointains*. C'est un acte viril de supériorité morale.

En effet, pour 2 milliards effectifs, le Gouvernement s'est endetté de 2 milliards 700 millions, soit de 35 0/0 en sus de l'emprunt réel. L'Empire s'endettait de 65 0/0 en plus de l'emprunt réel; donc le Gouvernement a gagné la différence, il a économisé 30 0/0 de dette nominale.

Étant reconnu que la perte au change a motivé seule l'infériorité de prix relativement à l'Empire; que seule elle a formé les 5 0/0 de différence ou de rabais, dans le prix de la dernière émission, il en résulte **la plus étonnante vérité : C'est que l'emprunt de 2 milliards, en des calamités inouïes, a été réalisé à la parité des prix de l'Empire !**

On ne saurait donc voir un plus éclatant triomphe d'un système financier sur l'autre, une sagesse plus grande que la préférence donnée à du 5 0/0 à 82, 50 sur du 3 0/0.

Je rends donc hommage aux qualités de l'emprunt en 5 0/0; je m'explique le penchant du Gouvernement à continuer une si belle expérience. Mais je demande à prouver que ces qualités ne sont que relatives, ne ressortent que de la comparaison avec des exemples plus imparfaits, et qu'elles doivent céder le pas à un système autrement économique.

Je prétends conduire à de plus extrêmes limites une réforme aussi vaillamment commencée. 35 0/0 de frais lointains c'est encore trop, même en y comprenant 5 0/0 de *perte au change extraordinaire*. Je soutiens que je paierai la perte au change et tous les frais quelconques d'un emprunt de 3 milliards 695 millions, sans qu'ils incombent au Gouvernement, sans qu'ils aggravent l'intérêt de 2 1/2 0/0 et l'amortissement qui sont nécessaires pour 3,695 millions de ressources effectivement perçues par l'État. C'est donc en ce sens que j'affirme l'abolition des frais d'émission par mon système; ces frais seront supportés par mon consortium.

Je prends, à cet effet, 305 millions dans la combinaison.

C'est le Gouvernement qui doit les donner à mon consortium. Mais, comme il n'en résulte aucune augmentation du taux de l'intérêt fixé à 2 1/2 0/0 et du taux de l'amortissement inhérent à 2 1/2 0/0 d'intérêt, pour la somme de 3 milliards 695 millions qui sera nettement prêtée à l'État, ces 305 millions de dépenses n'occasionneront aucun frais immédiat à l'État, aucune aggravation d'intérêt. En second lieu, pour 305 millions reçus, mon consortium donne 900 millions, ou le triple, pour payer toutes pertes au change. Donc j'ai le droit de dire que je ferai faire tous les frais de ma part d'emprunt *à forfait et aux dépens du consortium*, ce qui ne s'est jamais vu.

Or, ce qu'il y a de pire, c'est que les 35 0/0 de frais du dernier emprunt n'ont eu d'autre barrière que le hasard, que rien n'a pu être fait pour les limiter; qu'aucun banquier n'a voulu assurer le moindre risque à cet égard et que tous se sont largement fait payer les frais qu'ils ont bien voulu fixer, et par lesquels on a été trop heureux encore d'acquérir leur concours. De sorte que la souscription publique est devenue un moyen commode, pour la haute banque, d'avoir tous les bénéfices du forfait sans en courir les chances!

La souscription publique est devenue, depuis longtemps, une singulière espèce de *régie*, dont MM. les banquiers, en hommes fort avisés, ont pris tout le bon, en laissant tout le revers de la médaille; ils font les prix comme ils l'entendent, ce qui est le contraire de la *régie*; ils opèrent *à commission*, soit pour compte de l'État et sans rien garantir. Ils se taillent à leur gré un bénéfice entre le prix brut souscrit par le public et le prix net perçu par l'État. C'est cumuler l'addition de tous les avantages du *forfait* et de la *régie* avec l'exemption de tous les inconvénients de la *régie* et du *forfait!*

Voilà la réalité que couvre la *légende impériale de la souscription publique!!!*

En opposition avec ce mot, je suis en instance pour prouver un fait. C'est que ma part de concession comporte un *cahier des charges*, tandis que MM. les banquiers n'ont connu des souscriptions publiques que le *cahier des bénéfices*.

On ne saurait me dire que ces banquiers fournissent une garantie, qu'ils prennent l'emprunt et le soutiennent.

Alors je répondrais que ce n'est donc pas de la *Souscription publique*, et qu'on doit me donner, en ce cas, la CONCESSION que je réclame à moins de frais, **avec une économie totale des 35 0/0 de frais du dernier emprunt.**

Cette réduction est la principale clause du cahier des charges d'une concession qui n'est, d'ailleurs, que *nominale*.

J'en arrive à l'analyse des 35 0/0 ou 700 millions de frais que je critique dans l'emprunt de 2 milliards. Il y en a 20 0/0 ou 400 millions, qui sont occasionnés par la différence entre le taux de 82 fr. 50 et la dette nominale à 100 francs, pour un emprunt de 2 milliards, sans l'escompte.

Les autres 300 millions ou 15 0/0 de frais sont encore un chiffre de dette nominale, motivée par 14 millions de rente qu'on a dû négocier pour payer ce qu'on appelle plus spécialement, ai-je dit, les frais d'émission.

Ces frais, qui étaient autrefois de 3 0/0, ont été portés à 15 0/0.

Ces 15 0/0 de frais spéciaux sont ceux qui comprennent les dépenses de trésorerie, les commissions de banque, l'escompte et la perte au change.

La perte au change a été la plus grave préoccupation du dernier emprunt. C'était un élément entièrement inconnu et nouveau. La souscription de l'emprunt, ce n'était que le prologue. Il fallait bien plus de peine pour transformer ensuite les fonds en valeurs convenues avec la Prusse, nul souscripteur étranger n'étant assez simple pour ne pas payer en papier sur la France, pour ne pas profiter du change. On était ainsi obligé de retransformer ensuite le tout en papier étranger, ou en or.

L'escompte sur l'emprunt a produit aussi de très-grands frais, parce qu'il y a eu un empressement extraordinaire à anticiper les versements ; ce qui s'explique par les gros bénéfices que la haute banque avait d'autant plus à faire avec le change, que les sommes versées seraient plus fortes. Entre le change et l'escompte des seize mois de termes des versements, il y a donc eu une somme énorme de frais. Or, il est bon de publier un fait qui n'est pas clair encore dans l'opinion. C'est que tous les escomptes sur le taux de 82 fr. 50 c. comptaient en frais d'émission, nécessitant naturellement une émission de rente plus forte.

Je ne parle guère des frais de trésorerie et commissions qui ont été la menue monnaie de la dépense, quoiqu'elles aient été beaucoup plus fortes que d'habitude, à cause des nombreuses agences que l'énormité de l'emprunt a nécessitées à l'étranger. Je me borne à signaler la grosse exploitation de la haute banque qui avait le change pour objectif.

Je m'abstiens de déplorer que cette exploitation se soit chiffrée par au moins 9 0/0 de frais définitifs.

Je me borne à observer que ces 9 0/0 sont le moins qui incombe au *change*, en supposant que les autres 6 0/0 de frais aient compris les commissions, les escomptes et les frais de trésorerie, ce qui est le double des 3 0/0 que coûtent habituellement ces frais des emprunts.

Il est vrai que je calcule les 14 millions de rente qui constituent 15 0/0 de surendettement d'après leur valeur au pair nominal.

Il est évident que, décomptés au taux d'émission de 82 fr. 50 c., ces 15 millions de rente n'effectuaient qu'une valeur de 224 millions, et que tout ce qu'on appelle spécialement les frais d'emprunt n'aura produit qu'environ 224 millions à ceux qui auront perçu ces frais. Pour ceux-là, ces 224 millions n'auront été que 11 1/4 0/0 de frais, octroyés par 2 milliards d'emprunt. Là-dessus, les frais de change qui auront en detté l'État de 180 millions n'auront rendu que 7 1/2 0/0 nets ou 150 millions aux cambistes.

Mais j'oserai vous demander, Monsieur le Ministre, si ce n'est point un chiffre effrayant, s'il n'y a rien d'exorbitant dans cette différence entre le prix net perçu par l'État et le prix brut payé par le public.

Et voilà ce qu'on appelle une souscription dont le principe économique était de mettre le producteur des fonds en rapport direct avec leur consommateur !

Je respecte profondément le sentiment de la nécessité par laquelle le Gouvernement a pu se croire alors dominé; mais je protesterais vivement contre une seconde édition de frais pareils, quand beaucoup plus d'indépendance et de réflexion sont permises.

Est-il possible de concevoir, même sans étonnement, que 224 millions aient été engloutis ainsi, sans qu'aucune critique n'ait été adressée aux banquiers dont ils ont été la proie?

Mais il y a plus.

Ces 224 millions de frais, qu'il fallait immédiatement payer, qui auraient dû être immédiats, on a été obligé de se les procurer en empruntant à 82,50, pour devoir 100. C'est ce qui fait que 224 millions de frais, ou 11 0/0 se sont transformés en près de 300 millions de dette nominale. Les 224 millions immédiats se sont convertis en près de 300 millions, ou 15 0/0 de frais lointains. Et suivant que l'on compte en frais immédiats ou en frais lointains, on trouve 7 1/2 0/0 de change immédiat payés en 9 0/0 de dette lointaine, par rapport au chiffre des 2 milliards effectivement empruntés.

Et il vous a fallu 7 1/2 0/0 rien que pour une perte au change ! Et il a fallu la payer sur 2 milliards, et ces 7 1/2 0/0 de change immédiat se sont transformés en 9 0/0 de dette nominale !

De deux choses l'une, permettez-moi de vous le dire, Monsieur le Ministre : ou je dois vaincre par ces chiffres la légende des souscriptions publiques, ou c'est par un fait que cette légende est déjà détruite.

Il n'y a jamais eu 7 1/2 0/0 de change sur les marchés d'Angleterre, d'Allemagne et de France, on n'y a jamais vu le change à plus de 3 0/0. De là à 7 1/2 0/0 immédiats, il y a 4 1/2 0/0 de différence inexpliquée !

Il ne reste donc plus qu'un dilemme possible : ou bien une bonification de 4 1/2 0/0 a été faite aux banquiers, *sur la totalité de l'emprunt;* c'est-à-dire 90 millions de gratification, après 4 0/0 d'escompte, après 2 0/0 de commission, après 3 0/0 de change ! Après tout cela, encore 90 millions : de quoi faire 5 francs de prélèvement par chaque 5 francs de rente et sur tous les 5 francs de rente de l'emprunt ! sans compter les 10 0/0 de bénéfice au moins qu'a réalisés la haute banque sur le taux d'émission de 82,50.

Dans ce cas il n'y a plus d'objection à la concession de la part d'emprunt que je demande.

Ou bien il a dû être payé secrètement un change tellement

considérable ou telle autre somme de frais que le forfait proposé pour ma concession ne peut qu'être accepté, avec le rabais qu'il comporte !

Il ne saurait y avoir, par conséquent, de bien sérieux obstacles à la convention préliminaire d'une concession subordonnée à la ratification de l'Assemblée nationale et à l'établissement de 1 milliard de garanties.

Je suis avec respect,

Monsieur le Ministre,

Votre très-humble et très-obéissant serviteur,

Eugène THÉRYC DU CHATELLARD.

IMPRIMERIE CENTRALE DES CHEMINS DE FER. — A. CHAIX ET Cie, RUE BERGÈRE 20 A PARIS. — 11444-2